The PM Library
Alphabet Book

a b c

PM LIBRARY
PM
PM LIBRARY

a	b	c	d
i	j	k	l
q	r	s	t
y	z		

e	f	g	h
m	n	o	p
u	v	w	x

a

apple

b

balloons

C

cat

d

duck

e

eggs

f

fish

g

gate

h

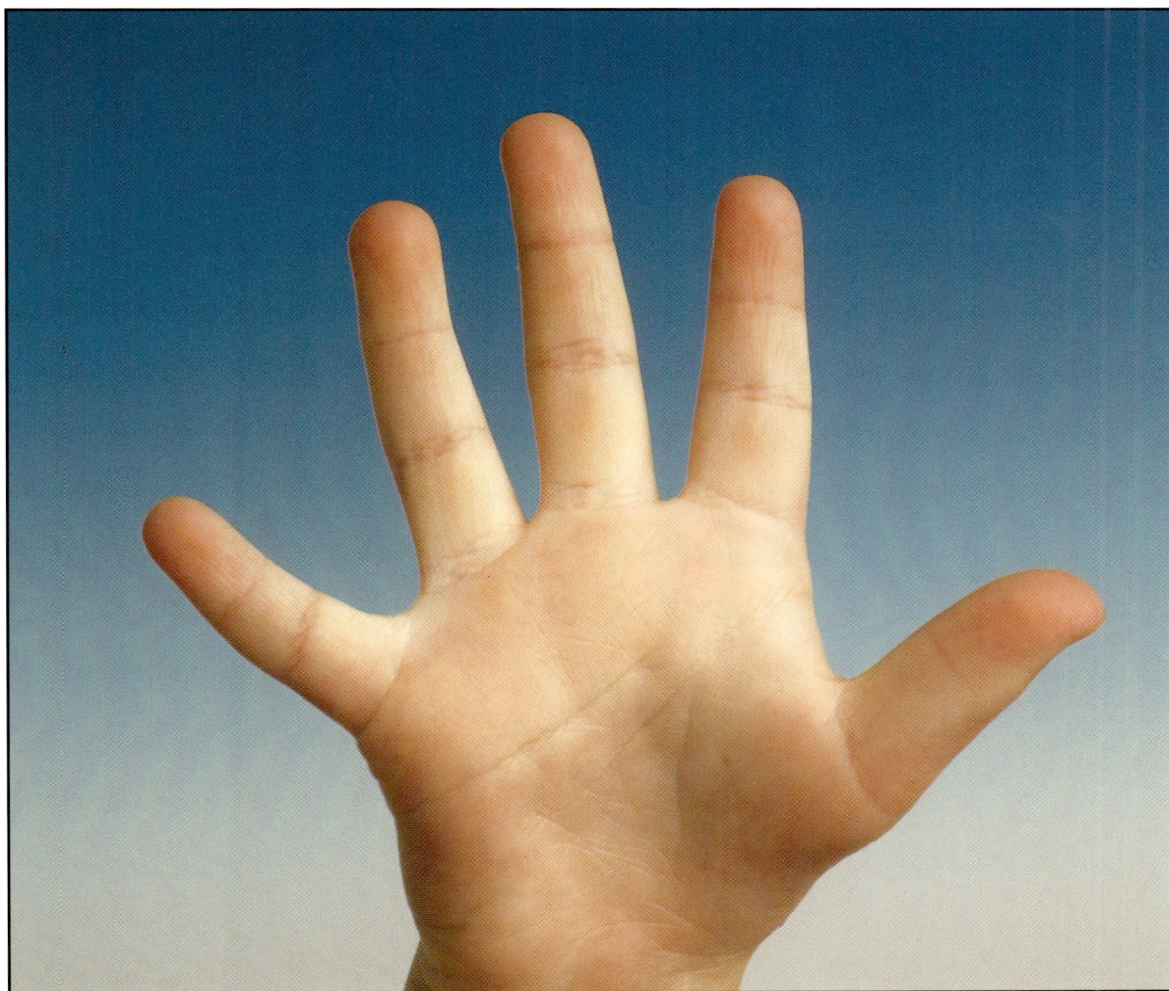

hand

i

insects

j

jam

k

keys

l

ladder

m

monkey

n

nest

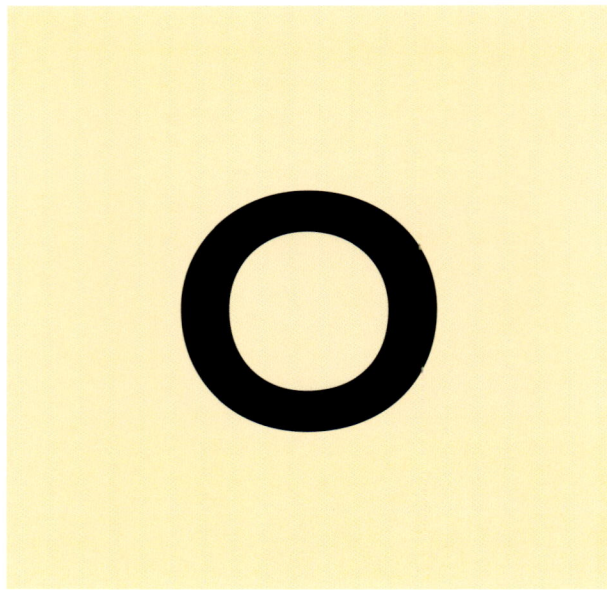

O

oranges

p

pencils

q

queen

r

rabbit

S

sun

t

tiger

u

umbrella

V

van

w

watch

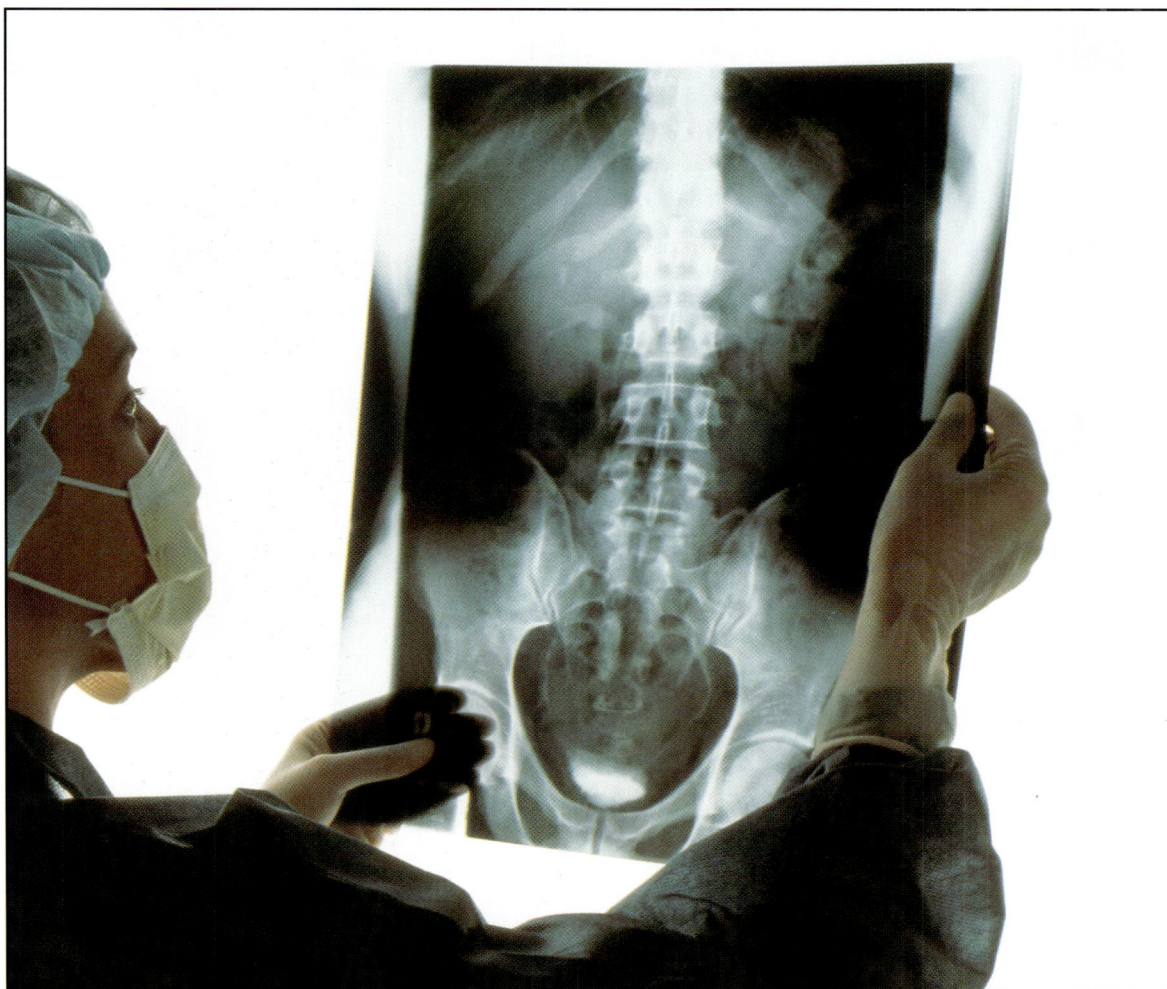

X

x-ray

y

yo-yo

z

zebra

a
apple

b
balloons

c
cat

d
duck

i
insects

j
jam

k
keys

l
ladder

q
queen

r
rabbit

s
sun

t
tiger

y
yo-yo

z
zebra

e
eggs

f
fish

g
gate

h
hand

m
monkey

n
nest

o
oranges

p
pencils

u
umbrella

v
van

w
watch

x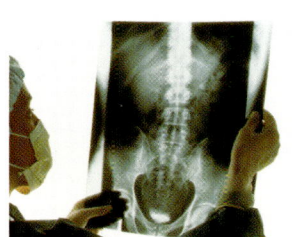
x-ray

Aa Bb Cc Dd Ee

Ff Gg Hh Ii Jj

Kk Ll Mm Nn Oo

Pp Qq Rr Ss Tt

Uu Vv Ww Xx Yy

Zz